REGLEMENT

POUR

L'OPERA

DE PARIS

Avec des Nottes

historiques 1221

A UTOPIE

chez Thomas Morus

(par H. Guerion.)

M.DCC.XLIII.

RÈGLEMENT

POUR

L'OPERA

DE PARIS

Avec des Nottes

historiques 1221

A UTOPIE

Chez Thomas Morus

par de Querlon

M.DCC.XLIII.

PREFACE.

LE deſſein de diſcipliner l'Opera paroîtra ſi ſingulier, ſi hardi, que le ſujet ſuffiroit à peine pour le juſtifier, ſi nous n'en expoſions les motifs.

Il y a lieu ſans doute de s'étonner qu'un établiſſement de cette importance ait été juſqu'à préſent ſans loix, ſans réglemens, ſans conſtitutions. Mais pour ne point étaler ici toutes les difficultés d'un pareil projet, j'avouerai qu'elles m'ont fait tomber plus de vingt fois la plume des mains, & que j'aurois abandonné l'entrepriſe, ſi l'amour du bien public ne m'eût ſoutenu dans ce grand ouvrage. En effet l'idée de policer l'O-

A   pera;

pera, d'introduire l'ordre & la reforme dans le sein de la dissipation, de l'indocilité, du caprice, en un mot d'assujettir à des regles une nation plus indisciplinable que tous les Nomades des trois Arabies, cette seule idée étoit, dis-je, capable de déconcerter toute la prud'hommie des sept Sages de la Grece combinés ensemble. Cependant rien ne m'a rebuté, & ce qui doit m'être compté pour beaucoup, j'ai tout tiré de mon propre fond. Car j'ai eu beau consulter les Loix des douze Tables, lire & relire celles du divin Platon, feuilleter le vieux & le nouveau Digeste ou les Pandectes Florentines, les Novelles & même l'Infortiat, les Loix Saliques & le Code Lombard, tous ces monumens de l'Antiquité, tous

ces

ces tréfors de la Sageffe humai-
ne ne m'ont été d'aucun fe-
cours. Ainfi la matiere étoit lorf-
que j'ai entrepris de la défri-
cher, toute neuve', & fembla-
ble à ces terres vierges ou incul-
tes qui apartiennent au premier
occupant. Un travail fi digne
du zele & des grandes vuës des
Abbés Saint-Pierre, demandoit
une capacité & des talens fupe-
rieurs aux miens. Mais fi je n'ai
pas affez mefuré mes forces ;
dans un noble projet, on tombe no-
blement, & notre chute même
devient utile à ceux qu'excite
l'envie de mieux faire. Au refte
fi les meilleures Loix provien-
nent des plus grands défordres,
comme a dit quelqu'un de l'Antiquité, le Code de l'Opera par
cet endroit feul doit être un
chef-d'œuvre de raifon. Comme
A ij mon

mon objet n'a été d'abord que de remedier aux maux les plus preſſans pour me conformer à l'eſprit des plus célébres Légiſlateurs qui n'ont rien évité avec tant de ſoin que la multiplicité des Loix, j'ai crû me devoir borner dans ce Réglement àun très-petit nombre d'articles , ſauf à y ajouter dans la ſuite , ſuivant l'exigence des cas. Au ſurplus le champ eſt ſi vaſte qu'il n'y a pas d'apparence qu'on s'en tienne là dans un pays où la moindre idée qui réuſſit bien ou mal à l'inventeur met tout le monde en train de produire les ſiennes juſqu'à ce que la matiere ſoit épuiſée.

Suivant l'uſage d'une nation voiſine , où *nul n'eſt jugé que par ſes pairs* , on a tiré du corps même de l'Opera les membres du premier

premier Tribunal , & l'on se flatte que l'expérience & la capacité des sujets qui le composent justifieront nos bonnes intentions , & encore plus notre discernement.

Il falloit pour former le second Tribunal des personnages consommés dans la connoissance des mœurs , usages & pratiques de l'Opera ; des gens distingués par leur profond sçavoir dans toutes les matieres du magazin ; & sur tout par leur intelligence dans les détails importans des soupers , tracasseries , marchés , ruptures , raccommodemens , enchéres , &c. Or tous ceux qui connoissent un peu l'Opera verront par le simple tableau, qu'il n'étoit guères possible de faire un plus excellent choix dans ce genre , & l'on pourra remarquer encore qu'aucun intérêt particulier n'a influé dans la dispensation des emplois, mais que l'on n'a eu égard qu'au seul mérite.

J'ai mis à la tête de ce Reglement un fragment anonyme sur l'Opera. qui m'a paru d'autant plus interressant, qu'il m'épargne une dissertation qu'on étoit en droit d'attendre de moi.

POINT DE VUE
DE L'OPERA.

FRAGMENT ANONYME,
EN FORME DE DE'COUPURE.

LES ſçavans qui rapportent tout aux Anciens , déferent aux Grecs l'honneur ſingulier d'avoir inventé l'Opera, c'eſt-à-dire , de nous l'avoir donné par parties. Il eſt vrai que leurs Tragédies étoient accompagnées de tout l'attirail qui compoſe nos piéces d'agrément. La Danſe , la Muſique , les Chœurs , la Machine , entroient dans leurs compoſitions Théatrales & c'eſt à peu près tout ce qu'il faut chez-nous pour faire un Opera complet: mais on ne ſe douteroit point aujourd'hui que ce fut là un Spectacle Grec. Quoique nous ne le tenions pas en Fran-

ce de la premiere main, je n'ai garde de
vouloir détruire une si agréable idée.
L'invention de la Poësie, de la Musique & de la Danse se trouve constament
partout & chez les peuples mêmes les
plus barbares : mais l'union de ces trois
Arts qui s'assortissent si bien ensemble,
appartient par privilege aux Grecs : il
est beau du moins de leur en faire honneur, c'est à coup sûr en faire à notre
gout, selon tous les amateurs de l'antiquité. On nous raconte tant de merveilles de leur musique & de leur danse,
qu'il sembleroit que ces deux Arts ne
sont encore chez-nous que dans leur en-
fance : mais ce qui excite les regrets des
sçavans doit consoler un peu nos arti-
stes. Point de monumens qui nous ré-
presentent le gout de leur composition
dans l'un ou l'autre genre. Les Grecs si
inventifs n'avoient point le secret de
peindre le chant ni les pas, & par conséquent tout le merveilleux qu'ils attri-
buent principalement à leur musique est
perdu pour eux & pour nous. Je veux
croire qu'ils l'avoient portée fort loin,
qu'ils l'avoient approfondie tout autrement

ment que nous, qu'elle avoit même des propriétés que nous ignorons. Il faut bien que cela soit ainsi, puisque leurs Philosophes & leurs Magistrats y prenoient un interêt si vif,& que la moindre altération qu'on y remarquoit sembloit menacer la République d'une décadence prochaine. Mais qu'elle fut d'un si grand usage dans la morale, qu'un air de Lyre ou de Flutte eut la vertu d'exciter ou de calmer les passions, c'est ce qu'il n'est pas aisé de comprendre. Au reste je ne sçai si cette musique Grecque à force de rafinement n'étoit pas devenue un peu trop abstraite. Dès que la Philosophie s'en meloit, je soupçonne que ce qu'elle y mettoit de profondeur & de dignité étoit autant de rabatu sur les agrémens. Ce gout pour l'abstrait est contagieux : il commence à nous gagner nous-mêmes ; nous avons des Musiciens Géometres, & je crains bien que notre Musique ne devienne à la fin trop sçavante. Elle a déja l'air un peu Grec, soit dit en passant. J'entends quelquefois des morceaux qui me retracent tout-à-fait l'idée de ce mode Eolien qui boule-

verfoit

verſoit le ſang, & de cette Muſique Py-
thagoricienne ou Medecinale, qui tantôt
remuoit toutes les humeurs, & cauſoit
des convulſions aux malades, tantôt leut
procuroit au contraire un profond aſſou-
piſſement. Qu'on ne m'accuſe pourtant
point de vouloir décrier la Muſique des
Anciens ; car en vérité leur mode Lydien me charme, & je trouve que quelques modernes l'ont aſſez bien ſaiſi parmi nous. Je ne connois encore ce genre
de Muſique ſi propre à ſéduire l'oreille &
le cœur que par le récit des Auteurs
qui nous en peignent le caractere ; mais
comme en qualité de Diſſertateur les
conjectures me ſont permiſes, je juge
du ton de ce mode Lydien par celui de
la Poëſie Grecque ſi tendre, ſi délicate &
ſi naturelle. Le rapport de la Muſique
avec la Poëſie eſt ſenſible : mais ſi nous
en croyons les connoiſſeurs, la Poëſie
des Grecs eſt une vraie Muſique, comme leur Muſique étoit une véritable
Poëſie. Voilà donc ma regle pour juger
du caractere de leur Chromatique.

Il eſt un peu plus difficile de ſe former une idée de leur danſe, même en
liſant

lifant tout ce qu'on a écrit fur la Gym-
naftique des Anciens , à moins qu'on
ne veuille imaginer que les exercices
violens pour lefquels ils étoient fi paf-
fionnés euffent donné le ton à leur
danfe. On ne peut dabord leur difputer
la Pantomime où ils excelloient : je croi-
rai volontiers encore que leur Pyrrhi-
que, leur Cordace, & telle autre danfe
que l'on voudra valoient toutes nos
grandes Entrées. Mais je doute qu'ils
ayent jamais eu rien de fi galant que nos
pas de deux. (1).

Il y auroit de la témerité à pouffer
plus loin les conjectures ; revenons à
l'antiquité de l'Opera. Quoique l'opi-
nion des fçavans à cet égard me flatte
beaucoup, je crois qu'il en eft du Théatre Lyrique comme de ces grandes &
anciennes maifons dont la fucceffion s'é-
tablit plus difficilement que l'origine
même. Des vuides dans une Génealo-
gie la rendent fufpecte : telle eft celle de
l'Opera. Quand fur la fuppofition de fon

(1) Voyez les Reflexions fur l'Opera de
M. Remond de Saint Mard, p.

ori-

origine Greque, on veut en former un
plan qui concilie les idées modernes avec
celles des anciens, nous perdons bien-
tôt notre objet de vue. Car ce n'eſt qu'a-
près bien des revolutions dans les arts,
& dans les mœurs des peuples que l'O-
pera ſe retrouve en Italie, paré je ne ſçai
comment, des dépouilles du Théatre
d'Athenes. On pourroit donc ſe diſ-
penſer de remonter ſi haut pour l'anno-
blir. Cependant ſans ſortir de notre ſujet
il y a des traits de conformité entre les
Grecs & nous qui vont trop bien pour
les négliger. Je ne parle point d'une
paſſion vague, pour tout ce qui eſt
ſpectacle en général; il me ſemble qu'elle
eſt commune à tous les peuples polis. Il
eſt queſtion du gout national pour tous
les talens agréables & en particulier pour
ceux du Théatre. On ſçait dans quelle
conſidération les Comédiens & ceux
qui cultivoient ces Arts étoient géné-
ralement par toute la Grece. Ils faiſoient
une aſſez belle figure à Rome; mais les
Romains avoient leurs raiſons pour penſer ſur leur compte autrement que les
Grecs. Pour nous la Bruyere nous a
peint

peint d'un trait, en parlant des Comédiens. *Nous vivons avec eux, comme faifoient les Grecs ; nous penfons d'eux comme les Romains.*

Le Théatre plus autorifé chez les Grecs qu'il ne l'eft parmi nous, étoit un établiffement auffi plus ferieux. Tous ceux qui y étoient attachez par leurs divers talens, Poëtes, Acteurs, Muficiens, Danfeurs étoient fous la protection de l'Etat, & étoient des perfonnages importans. Les fatigues de la Déclamation dont la vafte étendue de la fcene rendoit les femmes incapables & l'ufage où l'on étoit de jouer fous le mafque, avoient accoutumé les Grecs à fe paffer des talens d'un fexe qui fait prefque feul aujourd'hui tout le fuccès de nos fpectacles. Tous les Rôles de femmes étoient remplis par des hommes: Et qu'on ne croye pas qu'il fallut de poulmons moins forts, & une voix moins mâle pour foutenir ces Rôles de femmes. Phedre, Clitemneftre, Helene, Jocafte pour fe faire entendre dans une affemblée de vingt ou trente mille fpectateurs devoient être à l'uniffon des Hé-

B ros

ros d'Homere que ce Poëte repréfente
toujours doués des baffecontres les
mieux fournies. On imagine bien le comique que ces mafques femelles à voix de
Stentor jettoient dans les piéces les plus
férieufes ; mais le paifant n'eft que pour
nous ; on n'avoit garde de foupçonner
alors le ridicule de cette invention. La
mafcarade étoit établie , on s'y prêtoit
par néceffité, & l'idée gigantefque qu'on
s'étoit faite des Héroines de l'antiquité
faifoit paffer cette bizarrerie. Au furplus, tout Grecs qu'étoient ces gens-là,
on ne peut s'empêcher quelquefois de
les plaindre d'un goût fi pitoyable. Car
voilà un avantage évident que nous
avons fur eux. Les femmes fur nos Théa-
tres font à leur place : ce font elles-mêmes qui nous retracent avec le jeu, les
expreffions , & les agrémens qui leurs
font propres, les foibleffes & les paffions
de leur fexe. Ainfi la nature vient per-
fectionner l'Art , l'imagination & les
yeux font également fatisfaits & le
fpectacle eft embeli par la vérité des
peintures.

L'ufage d'exclure les femmes du
Théatre

Théatre (commun aux Grecs & aux
Romains) eft encore attribué à d'autres
motifs qui font beaucoup d'honneur à
leur morale payenne. Mais c'eft gratuitement, felon moi qu'on leur fuppofe
des vuës fi pures, ou plutôt des fcrupu-
les fi mal fondés : le gout qu'ils avoient
pour les courtifanes, ce gout fi marqué,
fi public, fi bien autorifé même, & fi
général prouve affés qu'aucune raifon
d'Etat, aucune vue de police ou de dif-
cipline n'avoient fermé l'entrée du Théatre aux femmes, & que fi la fcene eut
été fufceptible d'un ornement fi naturel
& fi néceffaire, ils ne s'en feroient pas
privés fi long-tems.

Après tout fans l'appareil du Théatre, ces Courtifanes par leurs talens, leur
foupleffe, leurs propres Intrigues, les
paffions qu'elles fçavoient infpirer, &
celles qu'elles fentoient ou jouoient au
befoin, valoient bien toutes nos Co-
médiennes. Quels fpectacles ne donne-
rent-elles point à la Grece ? je parle de
celles d'un certain ordre : car il eft bon
d'expliquer ici toute l'étendue d'une
profeffion exercée par les Leontium &

les Aspasies. Les avantures de ces dernieres que les Historiens nous ont con-
fervées presque avec autant de soin que
les exploits des Capitaines Grecs, nous
aprennent à ne les pas confondre avec ces
viles prostituées dont Beverland avoit
fait l'histoire si regretée par les sçavans
(1). J'avoue qu'on attache encore aujourd'hui une idée assez peu honnête au
nom de Courtisanes : mais celles dont
il s'agit étoient hors de rang, & le
Rôle brillant qu'elles faisoient mérite
bien quelque distinction. En effet, il ne
faut pas s'imaginer qu'une volupté ve-
nale fut le seul attrait qui les faisoit
adorer de leurs Concitoyens. Quoiqu'on
dise de l'incontinence des Grecs, (2)
ils n'étoient pas assez dupes pour payer
si cher des plaisirs faciles qui s'offroient

(1) Beverland *de prostibulis veterum :* Ouvrage suprimé par les Magistrats d'Hollan-
de.
(2) Phryné avoit donné au temple de
Delphes une statue d'or d'un prix immense.
Diogene la voyant, dit qu'il falloit y mettre pour inscription, *Ex Græcorum intempe-*
rantiâ. Laerce.

partout

partout. Quels charmes fi puiffans les
rendoient donc idolâtres de ces Courtifanes ? Mille agrémens, qu'une éducation cultivée avec des foins infinis
ajoutoit à ceux de la figure ; le gout de
tous les Arts amufans, le Chant, la
Danfe, la Poëfie même, toutes les con-
noiffances agréables, quelquefois un
peu de Philofophie qui en paffant par
une imagination vive & délicate prenoit
l'air aifé de la fimple raifon exercée par
l'expérience, & par l'habitude de re-
fléchir (1). Elles joignoient à ces aimables talens celui de la converfation
où les Grecs fe piquoient furtout d'ex-
celler, & toutes les fineffes, toutes les
graces d'une langue la plus douce, la
plus énergique, & la plus abondante
du monde. Telle étoit la magie de ces
beautés Grecques. La galanterie dont
elles faifoient profeffion étoit chez elles
un Art difficile où l'on ne réuffiffoit pas
toujours avec de beaux yeux & de la
jeuneffe. Le manege le plus adroit, le

(1) C'eft le portrait que les Anciens nous
ont laiffé de Corine, Leontium, Diotime,
Archeanaffe, A fpafie, &c.

B iij   jeu

jeu le plus rafiné de la coquetterie qu'elles entendoient pourtant à merveille,
n'auroient jamais pû les mener fi loin.
C'eft par tous ces agremens réunis qu'-
elles enchainoient des nations entieres;
qu'elles voyoient toute la Grece à leurs
pieds, & fouvent des Souverains fous
leurs loix : que des fages politiques &
de grands Capitaines fe difputoient
l'honneur d'être leurs efclaves ; qu'enfin les fourcilleux Philofophes venoient
adoucir leur aufterité par les charmes de
leur entretien, & foumettre à leur aimable caprice tout l'orgueil de leur fa-
rouche raifon. Les fruits de cet enchan-
tement prefque univerfel étoient des ri-
cheffes immenfes, une pompe égale à
celle de Reines, une confidération in-
finie parmi leurs Concitoyens devenus
leurs Admirateurs & leurs tributai-
res. On les regardoit comme des fujets
utiles, qui par un genre de conquêtes
dont la vanité des Grecs étoit flattée ;
contribuoient à leur maniere à la gloire
de l'Etat. La guerre du Peloponefe
caufée par l'enlevemenr de trois Courtifanes, cette fameufe guerre qui dura
vingt-

vingt-fept ans, eft un monument bien
glorieux pour elles de l'attachement de
toute une nation. Ces Courtifanes
étoient éléves d'Afpafie ; c'en eft affez
pour nous faire comprendre qu'elles
n'étoient pas d'un mérite commun, &
pour juftifier l'interêt que les Atheniens prirent à leur injure. Combien
d'autres traits pourois-je ajouter à la
honte de la galanterie moderne ? Il ne
feroit pas fans doute à fouhaiter que nos
Helenes & nos Afpafies fuffent fi meur-
trieres: Graces à la dignité de nos mœurs,
elles n'arment plus de peuples pour leur
querelle, elles ne mettent plus d'états
en combuftion ; à peine pouroient elles
orner leur hiftoire de quelques coups
d'épée trop peu importans pour être
confacrés dans nos faftes, & c'eft un
grand bien pour l'humanité. Mais fans
approuver les excès des Grecs, que nous
fommes encore éloignés de fentir auffi
bien qu'eux tout le prix d'un fexe utile
par tant d'endroits à la focieté ! Ce fexe
a-t-il donc dégeneré, ou fommes-nous
moins fenfibles que ces gens d'Athênes?
Accordons, fi l'on veut, aux fçavans
qu'ils

qu'ils avoient plus d'esprit que nous ;
je leur défie au moins de prouver que
le beau sexe d'aujourd'hui soit inférieur
à celui même du tems d'*Homere* ; Car
notre prévention pour l'antiquité ne
doit pas nous empêcher de rendre ju-
stice à notre siécle. Un petit front, des
yeux noirs ou bleus, touchans ou vifs,
une bouche, un nez plus jolis souvent
qu'irréprochables, des traits moins ré-
guliers que piquans, une taille déliée,
grande ou petite, &c. voilà ces beautés
Grecques pour la plûpart ; telle est dumoins l'idée que les Poëtes & les Historiens nous en donnent. Or ces beautés-
là sont-elles si rates ? Quant au génie,
au tour de l'imagination, à la science des
voluptés, au gout du plaisir ; n'en dé-
plaise aux Partisans des Anciens, nos
belles assurément n'ont rien à desirer de
ce côté-là.

Citerai-je cette enchanteresse toujours nouvelle pour le spectateur, toujours plus aimable & plus séduisante ?
La vertu brille sur son front, mais l'a-
mour regne dans ses yeux, & la volupté
dans son cœur. Touchante GAUSSIN que
vous

vous êtes adorable! Vous n'avez point
les sons éclatans & la voix perçante de
Philomele ; vous avez celle de Venus
même , cette voix tendre que ces co-
lombes (témoins discrets des ses plaisirs)
entendirent dans les bosquets d'Idalie,
& qu'elles tentent d'imiter par leur doux
murmure. Pardonnez-moi ce vœu té-
meraire ; pour être admis à ces char-
mantes Orgies où vous ennyvrez vos
amans de mille douceurs , je quitterois
tous les misteres de la *Bonne Deesse*.

Rhodope moderne , spirituelle CAR-
TOU qui avez vû des Rois à vos pieds,
racontez-nous vos tendres avantures.
Voluptueuse, enjouée , plaisante , saillies,
bons mots , idées singulieres , agréable
licence, tout coule de source : Mais hé-
las ! votre printems est bien loin de vous,
hâtez-vous de mettre à profit le peu de
beaux jours qui vous restent.

Avec plus d'œconomie & plus d'art,
adroite SAINT GERMAIM , vous sçavez
bien mieux menager tous les instans faits
pour les plaisirs. Moins frivole & plus
appliquée au solide de la galanterie, vous
fuyez sagement l'éclat , & votre dis-
crete

crete modeflie bornée à cinq ou fix
Amans ignorez même de vos confiden-
tes , en trompant les yeux du public
goute l'affaifonnement du myftere.

Senfuelle CLERON, comment vous
dépeindre ? Seule comparable à vous-
même , vous vous ouvrez une nouvelle
carriere dans laquelle vous effacerez
bien-tôt tout l'éclat des Laïs & Phrynes
anciennes & modernes. Déja l'hiftoire a
confacré les rapides faits de votre jeuneffe : couronnée de myrthes nombreux
vous jouiffez de toute votre reputation ,
& fans attendre la pofterité vous recueil-
lez une partie des fleurs deftinées pour
votre tombeau. Tremouffante, active, in-
trepide ; infatigable Fretillon , foutenez
la gloire d'un nom fi célébre , mettez
à contribution la ville & les faubourgs ,
& que votre fortune proportionnée à
votre heureufe complexion n'ait d'autres bornes que celles de vos defirs.

Si de la galanterie nous paffons aux Arts
dont les Grecs faifoient leurs délices ,
que d'aimables talens en tous genres !

SALLE', ROLAND, BARBARINE,
& vous CAMARGO, c'eft à vous d'em-
porter

pòrter le prix de la Danſe. Soit que d'un
pas leger vous frapiez la terre avec les
Graces , ſoit qu'à la ſuite de Diane
vous vous élanciez avec les Nymphes :
ſoupleſſe , agilité , vigueur , expreſſion ,
agrémens , fineſſe , vous partagez ces
differens attributs.

A toutes les merveilles de la voix, à
tous les preſtiges du chant que l'antiquité nous raconte , je n'oppoſe que
vous unique LE MAURE. Mais qui
pouroit vous définir! J'entends ſous les
doigts de Blavet retentir un tube har-
monieux. Ce n'eſt plus la flute inventée
par Pan, c'eſt une Nymphe changée en
roſeau : l'ame de Syrinx eſt dans l'inſtru-
ment ; elle l'anime, elle-même y reſpi-
re. Cette agréable metamorphoſe eſt
l'image de votre voix. Toute votre ame
ſemble avoir paſſé dans cet organe en-
chanteur, & l'habiter ſeul. Seule , elle
l'excite & le remplit : c'eſt-là qu'elle
vit, qu'elle ramaſſe ſes forces, qu'elle ſe
transforme & ſe modifie ; qu'en un mot
elle ſe rend ſenſible & s'élance. De-là
ces faciles & ſurprenans éclats qui pa-
roiſſent ſurpaſſer la portée des organes
humains,

humains. De-là ce moelleux, cette netteté, ces délicates gradations, ces inflexions si justes & si variées, enfin le sentiment & l'esprit que vous mettez dans votre chant, & qui frappent en même tems l'oreille & le cœur : caracteres singuliers qu'on peut regarder comme les nuances, les mouvemens, les idées mêmes, & la substance de votre ame. Ajouterai-je que l'action Théatrale, qui sans être concertée se trouve toujours dans un parfait accord avec votre chant, cette action si noble & si vraie suit les loix d'une impression toute mécanique, & ne coute rien à votre intelligence.

Ce tableau que j'abrége à regret fait voir qu'à tous égards nous n'avons rien à envier aux peuples les plus polis de la Grece, si ce n'est peut-être l'art d'exagerer, comme eux, les plus petits avantages. Ces Grecs qui embouchoient la trompette pour célébrer souvent un faquin dont les chevaux s'étoient signalés à la course des chars, mettoient à bien plus haut prix que nous des objets qui ne nous touchent guères aujourd'hui. Ils

ne

ne faut donc pas s'étonner que les Eléves d'une Aspasie adorée de tous les Atheniens, ayent excité des guerres & fait verser tant de sang.

Au surplus l'estime singuliere qu'ils faisoient d'un ordre si brillant chez eux me paroît fort juste. C'est la galanterie qui donne la forme à la politesse des nations, & les Grecs lui devoient toute la leur. L'art de sentir délicatement & de peindre une passion vraie ou fausse, de manier le cœur humain à son gré, d'agiter l'ame d'un regard, de l'attirer toute, soit dans les yeux, soit dans l'oreille d'un amant qu'on enchante, & de lui imprimer tous les mouvemens qu'il plaît à l'imagination d'une belle ; cet art supérieur à la beauté même, qui peut s'en passer quelquefois, & qui fait valoir les plus foibles attraits, porté à une certaine perfection est d'un plus grand prix qu'on ne s'imagine. Il demande encore plus de génie que d'étude ou d'expérience, & la nature est avare des dons du génie. Le siécle qui a produit *Turenne & Colbert* parmi une foule de beautés galantes, ne célébre qu'une *Marion de Lorme*, & une

Ninon Lenclos. La 'galanterie d'ailleurs
eſt pour le ſexe une ſource d'agrémens
dont nous profitons. De beaux yeux,
une complexion tendre, & le deſir de
plaire avec un peu d'imagination, voilà
dequoi rendre une femme charmante.
Idées agréables, expreſſions vives, tours
fins & naïfs, images riantes, légereté,
ſe., eſprit, ſentiment, tout s'offre ſans
effort à ces femmes aimables, elles em-
beliſſent tout ce qu'elles touchent; &
que d'avantages ne tirent-elles point de
notre commerce? Les ſoins, les aſſidui-
tés que nous leur rendons, les tendres
flatteries, les doux entretiens, tous les
amuſemens de la ſocieté contribuent
ſans doute à former leur gout. Elles
prennent la fleur de l'eſprit des hommes, comme l'ambre attire une paille
legere; nous commençons leur poli-
teſſe, elles achevent la nôtre. Le monde eſt principalement l'Ecole du Théatre: c'eſt lui qui façonne tous les talens.
C'étoient le cœur humain, & les hommes qu'avoit étudié cette grande Actrice inimitable pendant ſa vie, irrépara-
ble après ſa mort.

Toi

Toi qui méritois des autels, & qu'un cruel préjugé priva du tombeau, divine LE COUVREUR qu'il me soit permis de jetter en passant quelques fleurs sur tes cendres indignées de notre *barbarie*. Laisse à de vils humains le frivole avantage de graver sur le marbre & l'airain un nom digne de mourir avec eux ; le tien vivra toujours dans nos cœurs. Le tems qui abat les siéres Pyramides, & qui ruine les orgueilleux monumens ne peut rien contre ta mémoire ; elle subsistera dans la suite des siécles avec celle des *Corinnes* & des *Ofields*. Quand la Galanterie contribueroit moins à polir respectivement les deux sexes, à former le tour d'esprit des jeunes gens, à embellir leur imagination, ne peut-elle pas se justifier par elle-même ? Cette douce sensibilité ou cette disposition du cœur à recevoir toutes les impressions tendres ; cet attrait puissant d'un sexe vers l'autre qui fait naitre nos liaisons & notre attachement réciproques, annoncent une ame extrêmement souple. Or plus les objets ont de prise sur nous, plus l'ame, pour ainsi dire, est près des sens, plus

C ij   elle

elle tranfpire, plus il me femble qu'elle
doit être active & délicate. Si les maxi-
mes du monde nous font quelquefois
envifager autrement cette agréable habitude, il faut la confidérer dumoins
dans les filles de Théatre comme un
nouveau talent prefque inféparable des
autres, & qui fert fouvent à les perfec-
tionner. Telle eft l'idée que l'expérience
nous force en quelque façon d'en avoir,
furtout par rapport au Théatre Lyrique.

L'Opéra eft un fpectacle gravement
comique, & ridiculement férieux, qui
participe du caractere de la nation qui
l'a inventé. Toutes les parties de ce
fpectacle font du reffort de l'imagination, & c'eft auffi cette faculté qui do-
mine diverfement dans les perfonnages
qui le compofent. Le génie des peuples fe reffent toujours des influences de
leur climat, ou des qualités de l'air qu'ils
refpirent, & les mœurs en prennent
l'empreinte. Tel eft le pays voluptueux
que nous décrivons. Le gout du plai-
fir, la diffipation, l'artifice, la légereté,
le caprice font comme le fond du tem-
perament

perament & le génie national , par
rapport aux filles de l'Opera. On prend
insensiblement le gout, le caractere &
le langage des personnages que l'on ré-
presente. Le commerce des divinités,
les Rôles brillans que l'on fait jouer parmi les Dieux à de simples mortelles ,
& leurs frequentes Apothéoses , sans
détruire l'humanité des Actrices, agis-
sent sur leur imagination , & les tour-
nent aux belles avantures. De-là ce merveilleux & ce Romanesque qui regnent
souvent dans leurs intrigues.

Dès qu'une fille a chaussé le Cothur-
ne, elle croît être Nymphe ou Déesse
& ne voit plus par conséquent que les
Dieux & les demi-Dieux de la terre qui
soyent dignes de ses regards. En faut-il
d'avantage pour tourner la tête à une
pauvre mortelle que l'envie de plaire,
les applaudissemens qu'elle reçoit en public , l'espéce de culte que ses Partisans lui rendent en particulier, la nature même de ses talens , & la fragilité de
son sexe disposent à tous les incidens
attachés à sa condition ? Bien-tôt les
objets de son Art deviennent ceux de

sa

la morale, & paſſent de ſon eſprit dans
ſon cœur. Souvent à peine elle eſt gou-
tée qu'un richard, jaloux de poſſeder
ſeul un bien dont il n'a connu le prix que
par les vœux communs du public, l'en-
leve à ſes admirateurs, & c'eſt ſans doute
le plus grand abus qu'il y ait à reformer
dans cet ordre. Car le ridicule ou le
flétriſſant de la galanterie (s'il a encore
lieu) ne doit plus tomber, ce me ſemble, que ſur ces tendres imbécilles qui
ſacrifient encore à l'amour dans le temple de l'intereſt, ou ſur ces voluptueu-
ſes diſſipatrices qui , après avoir rui-
né mille Amans, chargées de rides &
de regrets déplorent dans une triſte in-
digence l'abus qu'elles ont fait des faveurs & de Mercure & de Plutus. Quand
aux guerres inteſtines que cauſent entre elles les jalouſies , les rivalités &
pareilles tracaſſeries , lorſque le public
n'en ſouffre point, elles ne ſervent qu'à
le divertir. Il eſt même ſingulier de voir
les revolutions qu'elles produiſent dans
la fortune des Actrices. En effet les
grands changemens de Théatre ne ſe
font pas toujours dans le lieu du ſpectacle,

tacle, & c'est principalement à cet
égard qu'on peut se figurer l'Opéra
comme un de ces pays renommés par les
enchantemens & les effets magiques.
Tout y étoit dans un mouvement con-
tinuel. A la voix d'une Magicienne de
la Thessalie, à la plus stérile bruyere
succedoit une campagne fertile, & l'on
voyoit passer tout-à-coup sa moisson
dans le champ de son voisin. Ainsi....

puisque

.Mais.

.Car.

Enfin.

&c.

Fin du Fragment.

REGLEMENT
POUR L'OPERA.

MOMUS, par la permiſſion de Jupiter, Dieu du Calotinage & de la Folie, Souverain diſpenſateur de la bonne plaiſanterie, & même de la mauvaiſe, pour la commodité des Railleurs, Génie tutelaire de tous les ſpectacles, même de ceux qui ſe donnent ſur le grand Théatre du monde. A tous Calotins, Acteurs & Spectateurs, fiflets, fiflables, ou ſiflans, preſens, & à venir, SALUT. Les déſordres de plus d'une eſpéce qui ſe ſont gliſſés ſur la Scéne Lyrique depuis ſon renouvellement des Grecs ayant vivement excité notre ſollicitude paternelle pour un des principaux

cipaux Domaines de notre Empire, Nous avons sursis à toutes nos graves occupations pour nous livrer tout entier à l'attention que requiert une reforme de cette conséquence. A CES CAUSES, après nous être fait représenter les premieres Lettres d'établissement de nos Aimez & Féaux, les Acteurs & Poëtes Lyriques, dattées d'Athênes de la premiere Olympiade, vieux stile, ensemble tous les Brevêts, Requêtes, Couplets & Vaudevilles occasionnés par les contraventions de nosdits Sujets; de l'avis de notre Conseil suprême de Ratapolis & de notre certaine gayeté, puissance, marote, & gravité. Nous avons dit, déclaré & ordonné, disons, déclarons, ordonnons, & nous plaît ce qui s'ensuit.

ARTICLE. I.

LEs Loix & les Conſtitutions deſtinées à
conſerver dans les ſociétés le bon ordre, l'harmonie & la paix, étant devenues
une ſource de conteſtations par l'ignorance
ou la mauvaiſe foi des Interprêtes & Com-
mentateurs, pour prevenir un pareil abus,
faiſons très expreſſe défenſe à tous Légiſtes,
Canoniſtes, Praticiens & autres, même
aux Docteurs *in uiroque* de faire ſur le préſent Reglément aucuns Commentaires, Pa-
raphraſes; grandes, moyennes, ou petites
gloſes, Apoſtilles, Notes, Variantes, Con-
férences, Stile, & Protocole; comme
auſſi d'en faire aucune verſion en quelque
langue que ce ſoit, ſçavante ou vulguaire,
le tout à peine de faux, ſuivant la rigueur
du Droit Romain.

II.

Déclarons que les Acteurs qui auront quitté
l'Opera pour des établiſſemens peu ſolides,
ou pour des entrepriſes ruineuſes dont le
mauvais ſuccès les forcera d'y rentrer quelques années après, ne pourront reprendre
leur rang au préjudice de ceux qui leur auront ſuccedé; voulons que ſans nulle conſidération du paſſé ils ſoyent déchus de la place
qu'ils occupoient d'autant de dégrés qu'il ſe
trouvera de déchet dans leurs talens. Exceptons néamoins le S. C. (nonobſtant la décadence de ſa voix,) attendu ſa nouvelle qualité
de

de Gentilhome qui ne lui permet point de
déroger à la dignité de ses premiers emplois.

III.

Les Acteurs de quelque rang qu'ils soient
& notament ceux à voix claire n'auront
point de liaisons suspectes avec aucuns Sei-
gneurs : le commerce des grands ne les rendra point familiers, inpertinens, vains &
glorieux ; & pour éviter le sort d'un *Ama-
dis moderne*, ils n'abuseront point du gout
que les femmes de condition auroient pour
eux ; mais tâcheront de se renfermer dans
la Robe & la haute Bourgeoisie.

IV.

Faisons défenses auxdits Acteurs, dans le
cas où ils disposeroient de la bourse d'une ou
de plusieurs femmes entêtées de leur mérite Théatral, de jouer trop gros jeu, & voulons que leur dépense soit proportionnée à
la décence de leur condition.

V.

Le compte que tous les Acteurs & Actrices doivent de leur personne au public les
rendra plus attentifs à la ménager dans le
particulier, & ce, pour ne point interrompre
la continuité de leurs exercices, ou en alté-
rer les agrémens.

VI.

Dans le cas de contravention au précedent Article, voulons que les appointemens de ceux qui seront absens du Théatre soient par forme de compensation déclarés dès à présent amendables au profit des
filles

filles du Magafin qui feront authorifées à
les toucher en vertu du préfent article, &
fans qu'il foit befoin d'aucun mandement
émané de la Direction.

VII.

Attendu les inconveniens qui refultent des
liaifons particulieres qu'aucuns Acteurs
ont avec les Actrices, & afin que celles-ci
foyent toujours en état de faire honneur
par leur dépenfe tant au fpectacle qu'à la
profeffion, faifons défenfe à tous Acteurs,
figurans, & autres d'avoir avec les filles de
Théatre aucune familiarité, capable de leur
faire manquer des amans utiles.

VIII.

Faifons pareillement défenfe à tous Acteurs, Danfeurs, & autres qui doivent figurer fur le Théatre, de figurer dans les couliffes leur interdifons encore tout *droit de
fuite*; Et Voulons que toute Actrice ou Dan-
feufe qui fouftrira telles ou plus grandes li-
bertés foit fifflée comme fi elle avoit chan-
té faux, ou fait de faux pas en danfant.

IX.

Faifons défenfe à tous Acteurs Lyriques,
attendu la dignité de la profeffion, de joindre le Caducée à la Lyre, & en conféquence
d'entreprendre fur les emplois des Sieurs
H.... & D....

X.

Pour faciliter d'autant plus la circula-
tion du Magazin au Théatre, & du Théatre au Magazin, quand il fera queftion de

preceder

proceder à l'election d'une Actrice ou Danseuse, on préferera toujours celles qui auront
été formées au Magazin, & à leur défaut les
filles qui auront déja quelque réputation, soit
par elles-mêmes, soit par leurs amans.

XI.

On ne recevra point à l'Opera de femmes mariées à moins qu'elles n'ayent encore assez de jeunesse pour soutenir les fatigues de leur emploi, & qu'il n'y ait sépara-
tion du moins volontaire entre-elles & leurs
maris; auquel cas elles seront réputées,
comme nous les réputons dès à présent, filles
ou veuves à leur choix, & voulons que
toutes lettres à ce nécessaires leur en soyent
expédiées à leur premiere réquisition par les
Commissaires au Châtelet de Paris.

XII.

Toute Actrice ou Danseuse au-dessus de
trente ans sera dispensée de déclarer son
âge, & pourra prendre le titre de Douairiere.
Les filles du Magazin au-dessus de vingt ans
jouiront du même droit, mais seulement
dans l'enceinte dudit Magazin.

XIII.

L'habitude qu'on a laissé prendre à aucunes Actrices ou Danseuses de faire acheter
leur présence, & de se faire prier pour remplir les engagemens de leur emploi, étant
manifestement abusive & d'une dangereuse
conséquence; toute fille qui soit par indo-
lence, par humeur & par caprice, soit pour
une partie de campagne ou pour un souper,
                                    manquera

manquera ou refusera le service , outre la
retenue des ses appointemens pour chaque
fois qu'elle s'abfentera, payera une amende
appliquable aux pauvres filles du Magazin.
Cet article aura lieu pour les Acteurs.

· Exceptons néanmoins (par rapport aux
filles) outre les cas de maladies qui les dif-
penfent de droit , ceux de la perte d'un
amant utile , & d'une rupture ou d'une
brouillerie dont les premiers mouvemens
exigent quelque indulgence..

XIV.

Défendons très-expreffement tous enle-
vemens quoique volontaires, & voulons que
les Raviffeurs foient fujéts aux peines portées
par les Edits & Ordonnances contre ceux qui
font fortir du Royaume des efpéces mon-
noyées ou des Marchandifes dont le tranfport
eft défendu. Voulons que les filles enlevées
foyent reintegrées à l'Opera comme chofes
publiques & inaliénables, à la charge toutefois par elles de perdre le fruit de tous leurs
fervices paffés, & de ne compter que du jour
qu'elles féront rentrées au Théatre..

XV.

Toute fille qui fans être munie d'un congé
s'abfentera pour courir après font amant, foit
dans l'intérieur du Royaume , foit fur les
frontieres , ne poura rentrer à l'Opera qu'aux
mêmes conditions. Exceptons néanmoins
celles qui en tems de guerre auront brevét
à la fuite d'un Régiment.

XVI

XVI.

Permettons à toute Actrice & Danseuse de se mettre dans le cas de devenir mere ; mais comme leurs éclipses causent toujours un notable préjudice à l'Opera , voulons que , par forme de compensation ou d'indemnité, il soit retenu sur leurs appointemens une certaine somme pour l'expédition des lettres d'abscence qui leur seront délivrées pour un tems préfix ; passé lequel elles seront tenues de se réprésenter en public sous plus grosse peine.

XVII.

Pour ne point exposer les pauvres Actrices à la dure nécessité d'abandonner le soin de leur progéniture aux Officiers préposés pour récueillir tous ces petits avanturiers déclarés Orphelins en naissant , voulons que tous les enfans de l'un & de l'autre sexe provenans du fait desdites Actrices soyent renvoyez au Magazin pour y être pourvû à leur éducation.

XVIII.

Attendu le peu de certitude de la paternité , dont la connoissance est reservée à Dieu seul , & l'importance de constater l'Etat des enfans , par rapport à la dignité de la profession à laquelle ils sont destinés ; entendons qu'ils soyent adjugés provisoirement à ceux qui seront nommés par la mere , sauf la preuve du contraire si le cas y échoit, & son dédit toutes & quantes fois elle jugera à propos d'en user.

XIX.

XIX.

Voulons pareillement autant pour la sûreté commune du Magazin, que pour l'édification du public, que toutes les filles attachées à l'Opera n'ayent qu'un seul & même Acoucheur ; & dès à présent désignons & commettons à cet Office le sieur Soumain, auquel seront expédiées toutes lettres à ce nécessaires, aux mêmes gages, immunités, honneurs, émolumens, & prérogatives dont jouissoit ci-devant la Sage-femme des filles d'honneur de la feue R....

XX.

Toute fille dans le cas de grossesse, sera tenue de le déclarer & de faire constater son état par l'Acoucheur de l'Académie, pour sur son rapport être sursis, si besoin est, aux exercices de la Requerante.

XXI.

Pour éviter les abus qui pouroient s'ensuivre de l'examen ordonné par le précédent article, les Facultés de Paris & de Montpellier seront chargées d'examiner si, en général, une fille qui danse n'est pas plus exposée aux accidens occasionnés par la grossesse, qu'une fille qui chante ; & si, par rapport aux Danseuses, le *Terre à terre* est moins périlleux que les sauts, comme l'Entrechat, la Gargouillade &c. *Et Quatenus*.

XXII.

Attendu le peu de fortune dont jouissent les filles de Théatre, la modicité de leurs honoraires, les ressources qu'elles peuvent

D iij tirer

tirer de leur deshonneur, & la néceſſité de
ſe ſoutenir dans un état conforme à leur
condition de Déeſſes, de Nymphes, ou
d'Héroines, voulons que l'exemple unique
de la Demoiſelle SALLE' (dont on laiſſe
examiner le mérite à ceux qui ſont entrés
plus particulierement dans le détail de ſa
vie privée) ne puiſſe tirer à conſéquence,
& que dès à préſent la maxime, *Teſtis unus,*
teſtis nullus lui ſoit appliquée. Ainſi leur
permettons d'avoir un ou pluſieurs amans
ſuivant leurs beſoins & leurs vuës, à la charge toutefois d'écarter tous les ſoupirans inu-
tiles.

XXIII.

Ne pouront les femmes délaiſſées ni les
peres de famille avoir aucun droit ſur la
perſonne des Actrices pour raiſon du déran-
gement qu'elles auroient oecaſionné, ſoit
dans les ménages, ſoit dans la conduite des
jeunes gens ſoumis à l'autorité paternelle;
& voulons que le ſimple enregiſtrement au
Magazin de l'Opera ſerve tant aux filles
en place, qu'aux poſtulantes de ſauve-gar-
de irrévocable.

XXIV.

Faiſons néanmoins défenſé auſdites Actrices, dérogeant à cet égard en tant que
beſoin au précedent article, de plaire à gens
mariés, & en conſéquence de troubler la
paix des ménages; à moins qu'il n'y ait
convention expreſſe entre le mari & la femme de ne point ſe gêner reſpectivement, ou
que

que la femme ne se relâche d'une partie de
ses droits en leur faveur.

XXV.

Comme les Actrices & les Danseuses sont
également obligées à une grande dépense,
elles ne pouront être poursuivies directement
ou indirectement ni sous quelque pretexte
que ce soit pour dettes criardes au-dessous
de la somme de quinze mille livres ; à
l'effet dequoi leur seront délivrées, dans les
cas urgens, des Lettres d'Etat, à condition
toute-fois qu'elles seront actuellement au
service.

XXVI.

Toute fille qui devra sa fortune à l'Opera
payera un annuel au profit des pauvres filles
du Magazin.

XXVII.

Le Directeur aura soin de tenir la main
à ce que toutes les Actrices & Danseuses,
(autant que faire se pourra) soyent sur le
Théatre dans un maintien modeste, & ne
s'échappent en ris immoderés ni en gesticu-
lations indécentes : comme aussi à ce qu'aucune d'elles ne fasse des signes trop clairs
aux spectateurs, & à ce qu'il ne reste point
de Traineuses à la fin des divertissemens,
soit pour se faire remarquer, soit pour faire
des mines : leur permettons au surplus de
laisser agir & de promener leurs yeux,
comme bon leur semblera, pourvû toutefois que cet exercice ne cause point trop
de dissipation, & n'apporte aucun empê-
chement

chement, retard, ou langueur à l'action
Théatrale.

XXVIII.

Faisons très expresse défense aux Actrices d'introduire ou de laisser entrer
dans leurs loges, & notamment pendant leur toillete, tous supôts de spec-
tacles, de quelque rang & qualité qu'ils
soyent, autres que les Patrons, Bienfai-
teurs, & Commensaux de l'Opera, & les
Etrangers opulens dont l'utile curiosité
peut-être amenée à bonne fin.

XXIX.

Pour ne laisser aucune difficulté sur le précédent article, & en interprétation d'icelui,
n'entendons que le recueillement de la Toi-
lette autorise la moindre distraction sur le
Théatre & faisons très expresse défense à
tous ceux qui ont leurs entrées dans lesdites
loges des Actrices, même à leurs amans de
quelque rang qu'ils soient, de paroître sur
le Théatre ou dans les coulisses, sous prétexte de les voir jouer de plus près, attendu que le spectacle souffre toujours du partage de l'attention où l'Actrice se trouve
exposée par la présence de ces personnages
(quand ils seroient muets).

XXX.

Le respect dû au Théatre, & la sévérité
des exemples ci-devant faits pour contenir
au moins en public l'incontinence des Actrices, n'étant pas un frein assez fort contre la fougue d'une imprudente jeunesse, &

vû

vû la haute réputation de fageffe, inno-
cencé, intégrité, prud'hommie dans laquelle eft le Sieur D. de Ch. l'avons com-
mis & conftitué, comme nous le commettons & conftituons par ces préfentes, Inf-
pecteur des Loges, Couliffes, Foyers,
Trapes & tous lieux fecrets propres à renou-
veller ces Scénes irregulieres dont l'invention eft attribuée à la Demoifelle P.., à
l'effet par lui d'obferver tous les déporte-
mens des Actrices, éclairer leurs moindres
démarches, écarter tous les fureteurs entre-
prenans qui pourroient les faire tomber dans
quelque indécence, & pratiquer générale-
ment tout ce qui concerne les fonctions d'un
furveillant incorruptible & zelé.

XXXI.

Maintenons les filles de l'Opera dans tous
les priviléges & toutes les diftinctions de
leur état, notament dans la poffeffion im-
mémoriale où elles font de prendre à la
Comédie les premieres places & de figurer
avec les femmes de condition. Faifons défenfe à ces dernieres, de quelque rang,
qualité & vertu qu'elles foient, de les y
troubler, fous peine, pour éviter le fcan-
dale, d'être réduites aux loges grillées, à
l'inftar des Prelats, nouvelles veuves & autres.

XXXII.

Le titre éminent de Patron ou de Bien-
faiteur de l'Opera avec tous fes droits &
prérogatives, ne pourra s'acquerir que par
dix

dix ans de foins, de bons offices & de bien
faits réels départis à une ou plusieurs Actrices. Permettons néanmoins & sans tirer à
conséquence à M. de R... de se décorer
dudit titre, attendu sa Magistrature & les
liberalités extraordinaires qu'il a versées
dans les deux ordres d'Actrices ; à la charge toutefois de les continuer, ainsi que
nous l'y convions, & même de les augmen-
ter, à mesure qu'il trouvera bon de chan-
ger d'objets, comme il a pratiqué jusqu'ici
pour le bien de la Communauté.

XXXIII.

Comme les preuves de noblesse faites
par aucuns Acteurs, pourroient occasionner
dans la suite des contestations pour le rang,
la préséance & le pas, nous nommons le
sieur d'Hosier *Généalogiste de l'Opera*; à
l'effet de travailler incessamment à établir
la descendance, filiation, état & condition
de tous les Acteurs & Actrices : ce qu'il
sera gratuitement, & sans exiger aucuns
droits, suivant son désinteressement ordi-
naire ; & pour le dédommager d'un si grand
travail, il lui sera permis d'enrichir desdites Généalogie, son grand *Nobiliaire de
France.*

XXXIV.

Ordonnons provisoirement, quant aux
Acteurs, qu'ils seront & demeureront égaux
entre-eux jusqu'à ce que leur état soit con-
staté. Quant aux Actrices & Danseuses, la
condition & dignité des Amans reglera les
rangs

rangs parmi celles qui ont l'avantage d'être
entretenuës : les autres n'auront entr'elles
aucune diſtinction, & cederont le pas aux
premieres, à la charge toutefois par celles-
ci de les défrayer, & de les aider de tout
leur pouvoir dans toutes les occaſions de
dépenſe où elles pourront ſe rencontrer en-
ſemble.

XXXV.

La neceſſité de confier le dépôt des Loix
à des Juges ou Magiſtrats capables de les
faire executer & de les maintenir, étant une
ſuite de la légiſlation, pour faire obſerver
& garder le préſent Reglement, l'expliquer
& interpreter, en diſtinguer l'eſprit & la let-
tre, décider les différentes queſtions qui peuvent naitre ſur aucuns des articles, en faire
la juſte application, infliger aux contre-
venans les peines y portées ſuivant les cas,
taxer & arbitrer les amendes, &c. Nous
avons crû devoir établir comme par ces
préſentes, établiſſons une Juriſdiction com-
poſée de deux Tribunaux; l'un ſubalterne,
pour les Cauſes ſommaires; l'autre ſouve-
rain pour les Cauſes majeures où reſſorti-
ront les apels émanés du premier.

XXXVI.

PREMIER TRIBUNAL

OU

CHAMBRE DES FOYERS.

La Demoiſelle CARTOU, Préſidente.

La

La Demoiſelle Coupe'e, Réferendaire.

La Demoiſelle S. Germain, Conſeil-lere-née, attendu la part qu'elle a à la direction, & nommée dès-à-préſent d'offi-ce pour faire les fonctions de la Demoiſelle Coupe'e en cas de groſſeſſe ou autre indiſ-poſition.

La Demoiſelle Rabon, honoraire at-tendu ſon ancienne qualité de Princeſſe.

Pour plus grande expédition, & retran-cher, autant qu'il ſera poſſible, toutes ſu-perfluités ou longueurs dans les rapports & les opinions, ces Magiſtrats femelles tien-dront l'audience, & jugeront ſans ſiéger & debout.

SECOND TRIBUNAL

OU

CHAMBRE SOUVERAINE

M. le P. L... Préſident, attendu l'é-minence de ſa qualité, ſans tirer néanmoins à conſéquence.

Le ſieur Grandmaison, Aſſeſſeur.

Le Chevalier de Nonans, Conſeiller honoraire.

Le ſieur Dampierre, Greffier en chef.

Le ſieur D...Huiſſier audiencier.

Le ſieur Hainaut, Meſſager de la Cour.

Le ſieur G. Receveur des amendes, en donnant bonne & valable caution.

PARQUET.

PARQUET.

M. le Préfident de S. L... Procureur général.

Le Poëte Roy, ci-devant Confeiller au Châtelet, Avocat général.

Le fieur LA CHAMARRE' Subftitut, chargé en outre par commiffion du cérémonial de l'Opera.

XXXVII.

Voulons & entendons que tous les Juges & Officiers par nous ci-deffus créés & nommez, foient dès-à-préfent reputés être en poffeffion de leurs dignités, charges & offices, & reconnus en leurs dites qualités dans toute l'étenduë du reffort de l'Opera & du magafin, à la charge néanmoins par eux de fe faire expedier tous brevets & Lettres à ce neceffaires.

XXXVIII.

Enjoignons au Directeur de l'Opera de faire inceffamment conftruire, meubler, & difpofer deux fales dans le magafin, fçavoir une pour la Chambre fouveraine avec fes dégagemens, cabinets, lanterne, bareau, hauts & bas fiéges; & l'autre pour celle des foyers fans fiéges ni bancs; pour y être lefdites Cours affifes ou debout le plus commodément qu'il fera poffible, y tenir leurs audiences régulierement le matin & de relevée, entendre les Parties, &c.

XXXIX.

Attendu qu'une Jurifdiction fans buvette

ne feroit qu'un corps languiffant, ou plutôt un véritable fquelette deftitué de toute
chaleur, commettons la Demoifelle Defai-
gles pour en établir une fur le modele de la
Buvete de la Chambre des Comptes de Paris, & voulons qu'elle foit inceffamment
pourvûë de vins, rafraichiffemens, provi-
fions, & uftenciles néceffaires. Ordonnons
au Directeur d'en faire les fonds qu'il affi-
gnera, felon fa prudence & fon économie
ordinaires fur telles parties des revenus &
droits de l'Opera qu'il avifera bon être.

X L.

Comme la vénalité des charges de Judi-
cature nous a paru d'une dangereufe conféquence, pour éviter les inconvéniens qui
pourroient s'enfuivre d'un pareil ufage;
voulons que toutes les dignités, charges
& offices créés par le préfent Reglement
foient conferés gratuitement à perfonnes
capables & bien famées, conformement à
la diftribution que nous en avons faite.
Faifons très-expreffe défenfe au Directeur
ou Fermier de l'Opera, & à tous ceux qui
feront chargez par la fuite de la direction
& exploitation d'icelui, de quelque qualité & condition qu'ils foient, de vendre,
négocier, ou affermer aucuns defdits offices, comme auffi de recevoir aucuns pots
de vin pour l'adjudication d'iceux.

X L I.

En conféquence du précedent article,
ne pourront les Officiers de notre Jurifdiction

ction & ceux qui feront pourvûs par la
fuite prétendre aucuns gages ou falaires
pour l'exercice & fonction de leurs Charges ; & pour leur ôter tout prétexte de faire
effuyer aux Parties les longueurs ordinaires de la juftice, leur défendons d'exiger
d'elles aucuns droits, à titre de vacations
ou d'épices, le tout à peine de concuffion.

XLII.

Pour empêcher pareillement que la chi-
cane & tous les maux qu'elle entraine ne
s'introduifent dans notre Jurifdiction ; Défendons aux Parties de plaider leurs Cau-
fes par Procureurs ; & dans le cas de pro-
cès par écrit, l'inftance reglée devant le
public, ordonnons à tous Avocats de fi-
gner leurs Mémoires fous peine de défaveu.

XLIII.

Les amendes & retenuës prononcées par
differens articles de notre Reglement,
feront payées & délivrées fur le champ fans
miniftere d'aucuns fupôts de Juftice ; & l'application en fera faite, ainfi que nous l'a-
vons fpécifié, foit au profit des filles du
Magazin, foit aux befoins & neceffités des
pauvres Actrices. N'entendons néanmoins
comprendre fous l'idée de filles necessiteu-
fes, celles qui meritent de l'être par le peu
d'ufage qu'elles ont fçu faire des occáfions ;
mais feulement les Actrices ou Danfeufes
délaiffées par défaut d'agrémens ou par
viduité.

Eij   XLIV.

XLIV.

Sans déroger toutefois au précédent article, & ayant aucunement égard à la dignité de l'Opera, afin de pourvoir à la subsistance de celles qui après avoir donné
leurs beaux jours au divertissement du public se trouveroient faute de fortune ou
même par défaut de conduite dans le cas
des filles necessiteuses, l'Académie achetera
incessamment une place convenable pour y
faire bâtir un hôtel sur le modele des *In-
valides*; à l'effet de servir de retraite aux
pauvres Actrices & Danseuses, que leurs
longs services, & l'altération de leur santé
ou de leurs talens, obligeront de quitter
l'Opera, soit par congé du Directeur, soit
même volontairement. Voulons qu'elles y
soient logées, nourries, entretenues, dé-
frayées; & tant pour la construction dudit
hôtel, ameublement & entretien d'icelui,
que pour la subsistance desdites filles,
avons dès-à-présent imposé six deniers pour
livre de retenue sur les gages & appoin-
mens des Actrices actuellement au service,
& ordonnons en conséquence la supression
de toutes les pensions dont est chargée l'A-
cadémie.

XLV.

La Demoiselle Pelissier, qui des dépouilles de ses amans auroit pû faire élever
des Pyramydes, se trouvant presque ré-
duite à vivre des épargnes de son mari, nous
avons crû devoir commencer par elle à si-
gnaler

gnaler notre munificence. Pourquoi nous lui
accordons dès à préfent l'Intendance & Direction dudit Hôtel; & en attendant qu'elle
jouiffe des émolumens dudit emploi , lui
permettons d'avoir des foupers trois fois la
femaine , pourvû qu'ils fe paffent fans fcan-
dale.

XLVI.

Nous confirmons le S. Abbé Pelegrin
dans la qualité d'Aumonier de l'Opera qu'il
exerce depuis tant d'années à l'édification
du public , à la charge par lui d'en prendre
des Lettres fcellées du Sceau de la Jurifdiction, lefquelles lui feront délivrées fans frais ,
vû la modicité du bénéfice.

XLVII.

Nommons le S. Abbé de la Garde Coadjuteur dudit Abbé Pelegrin , à la charge
par lui d'obferver mieux qu'il n'a fait jufqu'à
préfent les bienféances de fon état. N'entendons néanmoins empêcher qu'il ne con-
tinue auprès de la Demoifelle Le Maure ,
comme lui étant attaché , & fon Commen-
fal , la fonction de Chevalier d'honneur,
ou d'Ecuyer de main qu'il exerce avec tant
de diftinction: laquelle fonction d'Ecuyer ,
enfemble tous les détails domeftiques dont
il eft chargé chez ladite Le Maure , & notament le foin de fon temporel , nous avons
déclaré compatibles avec ledit Etat de
Coadjuteur. Voulons qu'il perçoive les
émoulumens de tous & chacun defdits
emploits , fans pour ce pouvoir être trou-

E iij   blé

blé dans la possession de son Bénéfice par dévolut, & autres moyens Canoniques. Lui permettons en conséquence de porter le velours & même les couleurs à l'instar de l'Aumonier du Comte de Gramont.

XLVIII.

Faisons défenses à tous Acteurs Lyriques aisés ou non aisés, attendu les conséquences qui en résultent pour les derniers, de donner leurs piéces gratis, & de faire aucune remise de leur honoraire pour quelque condération que ce soit, sous peine d'être rayés du Tableau & de revendication si le cas y échoit.

LIX.

Faisons pareillement défenses ausdits Poëtes Lyriques & aux Musiciens de rejetter respectivement les uns sur les autres la chute ou le mauvais succès de leurs piéces communes; & les déclarons dès à présent solidaires tant pour l'honneur que pour le blame qui peuvent en resulter.

L. *& dernier.*

Enjoignons à tous Auteurs Lyriques qui ont des Canevas de les remplir eux-mémes & à ceux qui ont des remplissages, de faire aussi le plan de leurs piéces, à peine d'être déchus de leurs droits sans aucun recours ni garantie contre leurs associés. Défendons en outre toute société dans ce genre. Voulons que les Ouvrages faits de plusieurs mains & de pieces rapportées, s'il s'en trouve, soyent suprimez & remis au greffe de l'Opera.

Si

SI donnons en Mandement à nos Amez & Féaux les Gens tenans nos Cours supérieure & subalterne ci-dessus établies que ces présentes ils ayent à faire garder, observer & entretenir; & pour les rendre notoires à tous nos Sujets, Ordonnons que le présent Réglement sera lû, publié, affiché & enrégistré partout ou besoin sera, notament dans le cul-de-sac de l'Opera & à laporte du Magazin, à ce que nul de nosdits Sujets n'en prétende cause d'ignorance, même publié à son de trompe en faveur des gens à courte vuë, ou réputés tels par l'affectation des lorgnetes. CAR tel est notre plaisir & tel aussi desirons que ce soit celui des autres; & afin que ce soyent choses à jamais iné-
branlables

branlables , inconbuftibles &
ineffaçables nous avons à ce préfent Réglement fait mettre notre Scel. FAIT & donné à Ratapolis l'an trois de la découverte de
la véritable forme du globe ter-
reftre , le premier jour de la lune
intercalaire nouvellement inventée à la follicitation de nos
Sujets & de notre Regne le 7743.
Signé Momus , & plus bas par fa
Divinité la Folie ; & fcellé de
notre grand Sceaux de cire de
couleur *favorite* en lacs de nom-
pareille & de foucis d'hannetons
de la même couleur.

F I N.

ECLAIRCISSEMENS
HISTORIQUES.

TO u t le monde connoît l'agréable histoire de la Demoiselle Cro-
nel ditte *Fretillon* : Il est aisé d'en reconnoître l'héroine dans la Demoiselle
Cleron qui est le même individu. En
effet ou remarque de jour en jour que
cette Actrice soutient bien le caractere
que son Historien lui donne. Il est sin-
gulier cependant que le surnom de *Fre-*
tillon si heureux , si propre & si ex-
pressif ne soit point du gout de cette
fretillante personne. Le jour qu'elle fut
reçue à l'Opera après avoir salué ses
compagnes elle finit ainsi son compli-
ment. *Je chercherai , mes Demoiselles ,*
tous les moyens possibles pour entrete-
nir la bonne intelligence entre nous, mais
quiconque m'appellera Fretillon peut
compter (dit-elle militairement) que
je lui f... le meilleur souflet qu'elle ait
peut-être reçu de sa vie. La Demoiselle
Cleron

CLERON eſt un peu breteuſe, & par
conſéquent fille à tenir parole.

L'Article VII. du Reglement paroît avoir été fait à l'occaſion de l'incident qui ſuit.

La Demoiſelle Carville Danſeuſe,
étoit laſſe du ſieur Dupré ſon amant,
qui commençoit à ſe dégoûter d'elle,
& tous deux n'attendoient qu'un prétexte pour faire éclater leur inconſtance.
Le ſieur G..... déſigné ſucceſſeur de
Dupré, jouiſſoit d'avance de tous ſes
droits, tandis que la Demoiſelle Herny
cadette, alors maîtreſſe en titre du Comte D..... prenoit de jour en jour plus
de goût pour les leçons que le ſieur
Dupré lui donnoit en ſecret chez lui.
La Carville impatiente de les ſurprendre,
ayant été avertie un jour par ſes eſpions
que l'Ecoliere avoit paſſé la nuit chez
ſon maître, alla de grand matin ſe mettre en faction devant ſa porte dans un
caroſſe de louage, reſolue de ne point
quitter ſon poſte, juſqu'à ce que ſa rivale abandonnant le ſien, la mit en état
de convaincre & de confondre l'infidele.
Mais

Mais le Laquais de Dupré l'ayant ap-
perçûe, vint donner fort à propos l'al-
larme au logis. On tint conseil, sur
cet incident, & le resultat fut d'avoir
recours aux lumieres de la Demoiselle
Herny l'aînée qu'on envoya chercher
sur le champ. Celle-ci en arrivant voit
la place investie par l'incommode Carville, & comprenant l'embarras de sa
sœur, trouve d'abord un expedient tel
qu'on l'attendoit de son expérience. Elle
donne ordre au Laquais de Dupré de
lui chercher un savoyard ou un porte-
faix le plus grand & le plus sec qu'il
pourra trouver & de l'amener prompte-
ment. Le hazard présente à ce domesti-
que le plus heureusement du monde le
rare sujet dont on avoit besoin. On l'af-
fuble d'un des habits de Dupré, & on
le met dans un Fiacre avec ordre de faire
une course jusqu'aux Petits-Peres. Ce
projet de diversion réussit : la Carville
attentive à tous les mouvemens qui se
faisoient dans la maison & toute occu-
pée de son infidele, crut reconnoître l'o-
riginal dans sa burlesque copie, & fit sui-
vre

vre auſſi-tôt ſon caroſſe. Il étoit plaiſant de voir l'Atalante moderne courir après ſon faux Méleagre dont le char rouloit plus vîte que le ſien. La moitié de ſon corps s'élançoit hors de la portiere, pour hâter du geſte & de la voix le cocher de ſa lente voiture ; & celui-ci rendoit à ſes pauvres chevaux qui ne s'en preſſoient pas davantage, toutes les épithetes énergiques que la Nymphe lui prodiguoit. Tandis que la Carville pourſuit le fantôme de Dupré, la Herny profitant de la levée du blocus, s'échappe, & court chez le Comte d'E... payer ſa tendre impatience des plaintes les plus touchantes ſur la perte des momens que lui dérobent ſes exercices. Enfin la Demoiſelle Carville atteint ſon fugitif aux Petits-Peres ; mais quels furent ſa ſurpriſe & ſon dépit, lorſqu'enviſageant le perſonnage, elle ne lui trouva de commun avec le ſieur Dupré que la mauvaiſe mine qu'augmentoient encore quelques charges groteſques, telles que la condition du maſque les fait aiſément imaginer.

Voilà

Voilà l'histoire, & voici ses suites.

.M. le Comte D.... apprit cette avanture dès le soir même, & l'on devine bien quel fut son parti. Heureusement pour la pauvre Herny, il se présenta quelques jours après un riche étranger pour la consoler de la perte du Comte D..... sans quoi cette imprudente victime de l'incontinence de Dupré se trouveroit aujourd'hui sans état.

L'Article XV. ne peut regarder que la Demoiselle de Courcelles qui fut joindre l'année passée le Chevalier de M...... en Flandres.

Les Demoiselles Coupée & Desgranges toutes deux Chanteuses sont dans le cas de l'article XX.

La permission accordée par l'article XXII. aux Actrices d'avoir un ou plusieurs amans suivant leurs besoins & leurs vûës, rappelle une importante question agitée, il y a quelque tems dans la grande Loge des Danseuses. A l'occasion de Mademoiselle Le Duc dont l'éclat importun offusquoit les yeux de quelques filles du même ordre, on examinoit les avantages & les inconvéniens d'une fortune rapide. Quand on eut bien diserté sur cette matiére, la Demoiselle C A R T O U, qui est d'excellent conseil & très utile à l'Opera pour diriger la conduite de ses compagnes, prit la parole & s'adressant aux envieuses de Mademoiselle L E D U C, *hé ! mes pauvres filles , s'écria-t'elle, vous n'entendez rien à votre bonheur : au métier que nous faisons vous & moi, il est mille fois plus agréable de faire sa fortune sols à sols que d'un seul coup.* C'est le systême de la Demoiselle CLERON connoisseuse s'il en fut jamais. On sçait qu'en entrant à l'Opera elle à déclaré ne vouloir point d'Amant en titre d'office, attendu les agrémens du détail.

L'exception de l'article XXIV. est fondée sur des exemples récens. Madame B... au lieu de chercher inutilement à fixer l'inconstance de son époux, a cedé volontairement ses droits à la Demoiselle D E F R E S N E qui est la fille d'une cuisiniere ; mais cependant sous certaines clauses & reserves auxquelles elle

elle a fait obliger fon mari, pour empêcher la prefcription du devoir Conju-
gal.

Au furplus, comme toutes les femmes
mariées ne s'accommoderoient point
d'un pareil partage, il eft bon dumoins
de leur propofer un héroïfme d'un autre genre & qui fait encore plus d'honneur à la perfonne interreffée.

La Demoifelle D E S G R A N G E S,
Chanteufe avoit fçu tirer d'un homme
marié environ pour 12000 livres de
meubles. L'Epoufe ayant découvert
l'intrigue, eut l'adreffe de ramener fon
mari, à force de bons procedés, & de
le détacher de l'Actrice. L A D E S-
G R A N G E S juftement allarmée de la
foibleffe de ce mari s'attendoit de jour
en jour à fe voir enlever des meubles
dont elle n'avoit pas eu le tems de s'af-
fûrer la poffeffion. Sa rivale apprit fes in-
quiétudes, & pour difputer avec fon
Epoux de générofité, elle lui écrivit:
Ne craignez rien, Mademoiſelle, mon
mari ne reprend point ce qu'il donne;
& moi trop heureufe d'avoir recouvré

fon cœur, j'abandonne les meubles.

L'Article XXIX, paroît appuyé fur ce fait.

L'Amant de la Demoifelle HERNY, cadette, qui eft un Etranger, voulant voir de près danfer fa maîtreffe, alla fe pofter fur le Théatre. La fentinelle voulut le faire retirer ; mais l'obftiné Seigneur réfolu de ne point défemparer la place, n'entendit aucunes raifons. On eut recours à l'impofant le fieur la Chamarré, & l'Etranger n'eut pas plus d'égard pour fes reprefentations que pour celles du foldat. Enfin preffé de dire par quel privilége il prétendoit s'établir là, il répondit laconiquement ; *Je fuis l'Amant de la petite Herny, je f... & je paye, voilà mon titre.*

Le fieur LA CHAMARRE' n'eut pas de replique.

L'emploi accordé par l'article XXX. à M. Doublet de C... ne pouvoit être plus dignement rempli ; on en va juger par un trait qui prouve bien fon incorruptibilité.

M. Doublet de C..... après avoir
long-

long-tems marchandé les faveurs de
Mademoiselle de la Chapelle fille de
condition, née fans bien, conclut le mar-
ché à cent Louis, qui furent comptés
d'avance à la belle. Or comme elle étoit
réfolue de gagner loyalement fon argent, on affure qu'elle fe donna pendant toute la nuit des peines incroya-
bles pour arracher du Robin quelques
fignes de vie, & qu'elle n'en tira que
de méchantes excufes, telles qu'un faux
brave ne manque jamais d'en alleguer
en pareil cas. Cependant comme il re-
grettoit fa dépenfe, il crût le lendemain
être autorifé par le mauvais fuccès de
fon entreprife à fe faire reftituer fes
cent Louis. En effet il hazarda la pro-
pofition ; mais on lui répondit qu'après
avoir fait humainement tout ce qu'on
avoit pû pour le mettre à portée de fe
fatisfaire, on n'avoit rien à fe reprocher ;
& qu'au furplus il étoit le maître de venir quand bon lui fembleroit prendre fa
revanche au même prix. On n'a point
appris que M. D . . . . ait encore ofé
tenter l'avanture, & l'Héroïne de l'é-

preuve, qui eſt fort aimable, public hau-
tement qu'on pourroit lui confier la
garde du ſerrail.

M. de R.... en faveur duquel il eſt
fait une diſtinction ſi flateuſe dans l'article XXXII. a fait circuler en moins de
deux ans ſes bienfaits entre quatre Actrices. A la Demoiſelle le Duc Danſeuſe
a ſuccedé Poulette chanteuſe, ſœur de la
Princeſſe Mariette. Poulette a cedé la
place à la Camargo, & l'a repriſe peu
de tems après. Enfin elle a été dé-
buſquée par la d'Azincourt, bâtarde de
Blondy, danſeuſe figurante, célebre
par l'avanture de la *Toile levée.* Il eſt
vrai qu'elle a fait une aſſez belle retraite puiſqu'elle a pour 30000 liv.
d'effets & de bijoux, & que de plus ſa
maiſon doit être largement défrayée
pendant un an. On aſſure que la Demoiſelle d'Azincourt a eu auſſi pour
préſent de nôce la valeur de 30000
liv. en effets, meubles & bijoux.

Dans la derniere diſpoſition de l'article XXXIV. il regne un eſprit d'équi-
té quel'on ſentira mieux par le recit d'un
petit

petit incident à l'occasion duquel elle paroît faite. Cette année les filles de l'Opera ont tiré le gâteau des Rois dans la loge blanche & chacune succeſſivement a voulu régaler ſes compagnes.

L'émulation étoit grande entre elles : on vouloit toujours rencherir, ſur celle qui avoit traité la derniere. Le tour de la petite Minot vint. Comme elle n'eſt point entretenuë, qu'elle n'a d'autre reſſource que ſon emploi, & le caſuel de la profeſſion, elle ſe trouvoit alors ſans argent. Elle fut donc obligée pour n'être pas en reſte de vendre jupes & cotillons, & fit bonne chere à ſes compagnes aux dépens de ſes nippes. M. le Marquis de S . . . qui préſidoit à ces collations devoit leur apprendre à boire du vin de Champagne. Ainſi l'on peut croire qu'il ne fut pas épargné, & qu'il trouva d'heureuſes diſpoſitions. Qu'on ſe repréſente Anacreon à table au milieu d'une troupe de filles qui l'agacent à l'envie, lui font mille niches, rempliſſent à chaque inſtant ſa coupe, & l'enl'enjouëmént de cet aimable convive, les bons mots, les propos joyeux, enfin toutes les folies agréables qu'une imagination bouffone, reveillée par une féve délicate & par des objets amufans, étoit capable de produire. Voilà le tableau de ces petites fêtes.

C'eft par rapport à l'embarras où la petite Minot s'eft trouvée, qu'il eft enjoint aux filles entretenuës, qui par conféquent ont plus de fortune de prévenir de pareilles extremités.

L'Aumonier du Comte de Grammont dont il eft parlé dans l'article XLVII. s'appelloit Pouffatin. Il portoit à Londres les livrées de fon Maître, & même alloit derriere le caroffe. *

_____

* Voyéz les Mémoires du Comte par Hamilton,